铁路职业教育铁道部规划教材

电力机车驾驶专业
综合实训作业手册

蒋志勇 主 编
黄小川 主 审

中国铁道出版社
2014 年·北 京

内 容 简 介

本书与《电力机车驾驶专业实训指导书》配套使用。

本书共八个单元，主要内容包括电力机车驾驶的专业认识学习、自检自修实训、机车检查与给油作业实训、高低压试验及常见故障处理、制动机检查及故障处理、一次乘务作业实训、岗位安全案例教育与乘务实习和职业基本技能实训等八个方面，与《电力机车驾驶作业实训指导书》内容环环相扣，选材广泛而精炼，内容翔实，重在实践。

本书是电力机车驾驶专业综合技能训练教材，可供职工教育、成人中专、职业中专、技工学校等电力机车专业教学选用，也可作为电力机车运用人员和有关工程技术人员的参考用书。

图书在版编目(CIP)数据

电力机车驾驶专业综合实训作业手册/蒋志勇主编．—北京：中国铁道出版社，2008.12（2014.7重印）
铁路职业教育铁道部规划教材
ISBN 978-7-113-09117-0

Ⅰ.电… Ⅱ.蒋… Ⅲ.电力机车－驾驶术－职业教育－教学参考资料 Ⅳ.U264

中国版本图书馆CIP数据核字(2008)第129747号

书　　名：电力机车驾驶专业综合实训作业手册
作　　者：蒋志勇　主编

责任编辑：赵　静　　**电话**：010-51873133　　**电子信箱**：td73133@sina.com
封面设计：陈东山
责任校对：张玉华
责任印制：金洪泽　陆　宁

出版发行：中国铁道出版社（100054，北京市西城区右安门西街8号）
网　　址：http://www.tdpress.com
印　　刷：三河市华业印装厂
版　　次：2008年12月第1版　2014年7月第2次印刷
开　　本：787 mm×1 092 mm　1/16　印张：9.75　字数：237千
书　　号：ISBN 978-7-113-09117-0
定　　价：19.00元

前　言

本书由铁道部教材开发小组统一规划，为铁路职业教育规划教材。本书是根据铁路职业教育电力机车驾驶专业教学计划“专业认识实习”“职业基本技能实训”“专业实训”等课程教学大纲编写的，由铁路职业教育机车专业教学指导委员会组织，并经铁路职业教育机车专业教材编审组审定。

本书以方便学员理解和掌握为指导思想，以《电力机车驾驶专业综合实训指导书》为蓝本编写。全书内容以电力机车乘务员一次作业标准为主线，配合案例教育、电力机车乘务员的应知、应会内容和电力机车典型故障处理能力训练等知识，力求简练、实用，重点突出实作技能训练，使学员能较完整地掌握电力机车驾驶专业岗位实作技能。

本书的编写工作由成都铁路局职工教育处主持，各课题由成都机务段、重庆机务段、贵阳机务段、六盘水机务段和内江铁路机械学校的有关技术人员编写。课题一、二由张志征编写，课题三由徐国春编写，课题四由龚平、龙明贵、周江涛、张志征、王忠、周建编写，课题五由周建编写，课题六由王敬伟编写，课题七由陈艺编写，课题八由蒋志勇编写，最后由蒋志勇统稿而成。

全书由成都铁路局机务处黄小川主审，参加审校的还有解书全、廖达明、曹鹏斌、文胜波、梁朝发、梁邦华。

由于编写人员水平有限，书中疏漏、不当之处，欢迎批评指正。

编　者

2008 年 10 月

目　录

一单元　专业认识学习

实训作业	课题1　组织准备及安全教育

一、机车乘务员人身安全制度

二、机车检修人员作业安全一般要求

小组评议		组长签字	

实训作业	课题 2　机务段总体概况

一、所在段工厂空间布局、车间组成情况

二、所在段主要设备能力、技术装备水平

三、所在段担当的主要运输任务

四、所在段主要技术经济指标

小组评议		组长签字	

实训作业	课题 3　检修车间概况

一、班组工作标准

二、检修车间班组安全自控机制

三、牵引电机检修程序

小组评议		组长签字	

实训作业	课题4　运转车间概况

一、外勤作业程序

二、内勤值班员作业程序

三、机车乘务员一次作业程序

小组评议		组长签字	

实训作业	课题 5　整备车间(场)概况
一、机车整备作业程序 二、机车上砂作业程序 三、机车故障处理程序	

小组评议		组长签字	

实训作业	课题6　电力机车总体
一、电力机车的组成部分 二、电力机车主要技术参数	

小组评议		组长签字	

实训作业	课题 7　电力机车电机电器		
一、机车牵引电机的组成 二、受电弓的组成及技术参数 三、高压电器柜内的电器设备			
小组评议		组长签字	

实训作业	课题8　电力机车电路		
电力机车调速控制电路的控制原理			
小组评议		组长签字	

实训作业	课题9　电力机车走行部
一、SS_3 型 4000 系电力机车走行部的特点 二、SS_{7C} 型电力机车走行部的特点	

小组评议		组长签字	

实训作业	课题 10　DK－1 型电空制动机

一、DK－1 型电空制动机的组成

二、DK－1 型电空制动机的特点

小组评议		组长签字	

实训作业	课题 11　电力机车专业认识实习报告指引

电力机车专业认识实习报告

年　月　日　　附表 1

姓　名		学　号		班　级		指导教师	
实习课题							
实习报告内容							
一、该单元主要安全事项 二、该单元的主要工作规程 三、该单元的生产组织结构 四、在实习过程中收集到的关于业务知识和专业能力要求的信息 五、提出你对电力机车专业感兴趣的问题 六、其他需要说明的情况							
指导教师意见 签字：　　　年　　月　　日							

电力机车专业认识实习报告　　年　月　日　附表 2

姓　名		学　号		班　级		指导教师	
实习课题							
实习报告内容							
指导教师意见 签字：　　　年　月　日							

二单元　自检自修实训

实训作业	课题1　更换不良闸瓦、调整闸瓦间隙		
一、操作本项目的安全事项 二、完成本项目的作业程序 三、对本项目的技术要求			
小组评议		组长签字	

实训作业	课题2　更换不良制动软管

一、操作本项目的安全事项

二、完成本项目的作业程序

三、对本项目的技术要求

小组评议		组长签字	

实训作业	课题3 解体检查3号车钩		
一、操作本项目的安全事项 二、完成本项目的作业程序 三、对本项目的技术要求			
小组评议		组长签字	

实训作业	课题 4　清扫撒砂通路和调整撒砂量

一、操作本项目的安全事项

二、完成本项目的作业程序

三、对本项目的技术要求

小组评议		组长签字	

实训作业	课题 5 检查清扫各电机及更换不良电刷

一、操作本项目的安全事项

二、完成本项目的作业程序

三、对本项目的技术要求

小组评议		组长签字	

实训作业	课题6　清扫打磨接触器、继电器触头

一、操作本项目的安全事项

二、完成本项目的作业程序

三、对本项目的技术要求

小组评议		组长签字	

实训作业	课题 7　更换不良电空阀		
一、操作本项目的安全事项 二、完成本项目的作业程序 三、对本项目的技术要求			
小组评议		组长签字	

实训作业	课题8　更换机车头灯、调整头灯焦距
一、操作本项目的安全事项 二、完成本项目的作业程序 三、对本项目的技术要求	

小组评议		组长签字	

实训作业	课题9 中级工、高级工自检自修作业考核标准

中级工自检自修考核试卷

班级： 姓名： 学号：

考核项目					
项目	得分	考核内容及评分标准	扣分	次数	得分
时间(A)	10	规定时间： 每超1 min 开始： 结束：	1		
工具材料安全(B)	10	1. 按规定准备工具、材料，每缺1项、多1项	1		
		2. 作业前工具未检查、不按规定着装	2		
		3. 作业前未采取安全措施或未呼唤安全注意事项	2		
		4. 发生不安全因素或轻伤	2		
		5. 其他	2		
操作技能(C)	60	1. 作业程序不正确	5		
		2. 检查处所遗漏，每1项	3		
		3. 部件名称呼唤错误，每1项	2		
		4. 测量处所遗漏，未测量或测量不准确	5		
		5. 技术要求呼唤错误	5		
		6. 简化修程或违法修，或口述错误	5		
		7. 实作时返工	10		
		8. 作业完毕未按规定恢复	10		
		9. 使用工具不正确或违法使用工具	3		
		10. 超过规定时间，每超过10%	2		
假设(D)	20	1. 故障(假设)一	10		
		2. 故障(假设)二	10		
失格项目		1. 作业时间超过规定时间100% 2. 严重损坏工具 3. 发生工伤 4. 操作不当造成部件损坏 5. 作业完毕后，部件不能正常使用			
合计	100	A+B+C+D= (注：各项内容中得分总值最小为零，不应出现负数)			

考评员： 年 月 日

高级工自检自修考核试卷

班级：　　　　姓名：　　　　学号：

考核项目					
项目	得分	考核内容及评分标准	扣分	次数	得分
时间（A）	10	规定时间：　　　　每超1 min 开始：　　　　结束：	1		
工具材料安全（B）	10	1. 按规定准备工具、材料，每缺1项、多1项	1		
		2. 作业前工具未检查、不按规定着装	2		
		3. 作业前未采取安全措施或未呼唤安全注意事项	2		
		4. 发生不安全因素或轻伤	2		
		5. 其他	2		
操作技能（C）	50	1. 作业程序不正确	5		
		2. 检查处所遗漏，每1项	3		
		3. 部件名称呼唤错误，每1项	2		
		4. 测量处所遗漏，未测量或测量不准确	5		
		5. 技术要求呼唤错误	5		
		6. 简化修程或违法修，或口述错误	5		
		7. 实作时返工	10		
		8. 作业完毕未按规定恢复	10		
		9. 使用工具不正确或违法使用工具	3		
		10. 超过规定时间，每超过10%	2		
假设（D）	20	1. 故障（假设）一	10		
		2. 故障（假设）二	10		
答辩（E）	10	1. 分析故障原因	5		
		2. 提出结构、工艺改进措施	5		
失格项目		1. 作业时间超过规定时间100% 2. 严重损坏工具 3. 发生工伤 4. 操作不当造成部件损坏 5. 作业完毕后，部件不能正常使用			
合计	100	A + B + C + D + E = （注：各项内容中得分总值最小为零，不应出现负数）			

考评员：　　　　　　　　　　　　　　　　年　月　日

实训作业	课题10　自检自修实习报告指引

自检自修实习报告

年　月　日　　附表1

<table>
<tr><td>姓　名</td><td></td><td>学　号</td><td></td><td>班　级</td><td></td><td>指导教师</td><td></td></tr>
<tr><td>实习课题</td><td colspan="7"></td></tr>
<tr><td colspan="8">实习报告内容</td></tr>
<tr><td colspan="8">一、通过自检自修项目实习对专业理论知识有哪些进一步的认识
二、自检自修项目工艺过程和操作技能的形成机理
三、运用所学理论知识对电力机车主要零部件的破损原因进行分析处理
四、其他需要说明的情况及建议</td></tr>
<tr><td colspan="8">指导教师意见

签字：　　　年　　月　　日</td></tr>
</table>

自检自修实习报告

年　月　日　附表2

姓　名		学　号		班　级		指导教师	
实习课题							
实习报告内容							
指导教师意见 签字：　　年　月　日							

三单元　机车检查与给油作业实训

实训作业	课题1　机车检查给油的意义、类别及安全常识		
一、机车检查给油中的安全知识 二、机车检查、给油的分类			
小组评议		组长签字	

实训作业	课题 2　机车状态不良的迹象及故障的假设方法
一、机车运用中常见的不良迹象 二、采用记号法设置故障假设时,各种符号代表的意义	

小组评议		组长签字	

实训作业	课题3　机车检查、给油使用工具及油脂鉴别
一、机车检查给油时使用的工具 二、SS_{3B}型4000型电力机车润滑用油的种类 三、鉴别机车用油 四、熟练使用机车检查给油工具	

小组评议		组长签字	

实训作业	课题 4　机车检查的基本方法

一、机车检查的基本方法

二、如何进行手触检查

三、依据不同的零部件确定正确的检查方法

四、作业中正确测量各有关部件的技术参数是否符合要求

小组评议		组长签字	

<table>
<tr><td>实训作业</td><td colspan="3">课题 5　机车给油的基本方法</td></tr>
<tr><td colspan="4">一、机车检查给油的基本要求

二、机车给油的基本方法

三、根据不同的给油处所确定给油方式、使用油脂、控制油量</td></tr>
<tr><td>小组评议</td><td></td><td>组长签字</td><td></td></tr>
</table>

实训作业	课题6　机车给油作业前的准备工作及技能训练要领

一、机车检查给油的准备工作

二、机车整备作业前乘务员的安全事项

小组评议		组长签字	

实训作业	课题7　学习司机机车检查给油作业程序及中级工、高级工技能考核试卷		
一、SS_{3B}型4000型电力机车学习司机检查给油总时间及各部位检查时间的分配要求 二、SS_{3B}型4000型电力机车学习司机检查给油路线是如何规定的 三、作业中，检查出的故障、细检假设不得少于总数的60%，如何提高作业技能 四、检查作业中不得违反本单元安全操作规定，你如何把握			
小组评议		组长签字	

(中级工)学习司机检查给油考核成绩表

姓名		学号		班级		工种级别	

项目	内　容	减分标准	减分次数	减分合计	得　分
时间(A)10分	1. 超过规定时间,每超 1 min	2			
	2. 超过规定时间 5 min 以上　每分钟	4			
	3. 超过规定时间 10 min 以上	失格			
故障假设(B)50分	1.				
	2.				
	3.				
	4.				
	5.				
细检假设(C)30分	1.				
	2.				
	3.				
	4.				
	5.				
安全动作(D)10分	1. 违反安全作业的有关规定　每次	2			
	2. 错误呼唤机车部件状态,未呼唤被检部件名称　每次	1			
	3. 给油处所油脂使用错误(呼唤错误)每次	2			
	4. 检查部件后未恢复原状态　每次	2			
	5. 检查方法及程序错误　每次	1			
	6. 遗失及人为损坏工具　每次	2			
失格	1. 超过规定时间 10 min 以上(不包括 10 min,超过 10 min 算失格) 2. 由于检查方法不当造成部件损坏 3. 违反考核纪律				
总分	A + B + C + D =				

(高级工)学习司机检查给油考核成绩表

<table>
<tr><td>姓名</td><td colspan="2"></td><td>学号</td><td></td><td>班级</td><td colspan="2"></td><td>工种级别</td><td></td></tr>
<tr><td>项目</td><td colspan="5">内　容</td><td>减分标准</td><td>减分次数</td><td>减分合计</td><td>得　分</td></tr>
<tr><td rowspan="3">时间
(A)
10 分</td><td colspan="5">1. 超过规定时间,每超 1 min</td><td>2</td><td></td><td></td><td rowspan="3"></td></tr>
<tr><td colspan="5">2. 超过规定时间 5 min 以上　每分钟</td><td>4</td><td></td><td></td></tr>
<tr><td colspan="5">3. 超过规定时间 10 min 以上</td><td>失格</td><td></td><td></td></tr>
<tr><td rowspan="5">故障
假设
(B)
40 分</td><td colspan="5">1.</td><td></td><td></td><td></td><td rowspan="5"></td></tr>
<tr><td colspan="5">2.</td><td></td><td></td><td></td></tr>
<tr><td colspan="5">3.</td><td></td><td></td><td></td></tr>
<tr><td colspan="5">4.</td><td></td><td></td><td></td></tr>
<tr><td colspan="5">5.</td><td></td><td></td><td></td></tr>
<tr><td rowspan="5">细检
假设
(C)
20 分</td><td colspan="5">1.</td><td></td><td></td><td></td><td rowspan="5"></td></tr>
<tr><td colspan="5">2.</td><td></td><td></td><td></td></tr>
<tr><td colspan="5">3.</td><td></td><td></td><td></td></tr>
<tr><td colspan="5">4.</td><td></td><td></td><td></td></tr>
<tr><td colspan="5">5.</td><td></td><td></td><td></td></tr>
<tr><td rowspan="6">安全
动作
(D)
10 分</td><td colspan="5">1. 违反安全作业的有关规定　每次</td><td>2</td><td></td><td></td><td rowspan="6"></td></tr>
<tr><td colspan="5">2. 错误呼唤机车部件状态,未呼唤被检部件名称　每次</td><td>1</td><td></td><td></td></tr>
<tr><td colspan="5">3. 给油处所油脂使用错误(呼唤错误)每次</td><td>2</td><td></td><td></td></tr>
<tr><td colspan="5">4. 检查部件后未恢复原状态　每次</td><td>2</td><td></td><td></td></tr>
<tr><td colspan="5">5. 检查方法及程序错误　每次</td><td>1</td><td></td><td></td></tr>
<tr><td colspan="5">6. 遗失及人为损坏工具　每次</td><td>2</td><td></td><td></td></tr>
<tr><td rowspan="2">答辩
(E)
20 分</td><td colspan="5">1. 分析故障原因</td><td>10</td><td></td><td></td><td rowspan="2"></td></tr>
<tr><td colspan="5">2. 提出结构、工艺改进措施</td><td>10</td><td></td><td></td></tr>
<tr><td>失格</td><td colspan="8">1. 超过规定时间 10 min 以上(不包括 10 min,超过 10 min 算失格)
2. 由于检查方法不当造成部件损坏
3. 违反考核纪律</td><td></td></tr>
<tr><td>总分</td><td colspan="9">A + B + C + D + E =</td></tr>
</table>

<table>
<tr><td>实训作业</td><td colspan="7">课题 8　机车司机室检查给油作业</td></tr>
<tr><td colspan="4">检查顺序(按检查、呼唤顺序写)</td><td>检查方法</td><td>给油方法</td><td>机能试验</td><td>常见故障</td></tr>
<tr><td rowspan="8">该课题主要部件Ⅰ</td><td></td><td></td><td></td><td></td><td></td><td></td><td></td></tr>
<tr><td></td><td></td><td></td><td></td><td></td><td></td><td></td></tr>
<tr><td></td><td></td><td></td><td></td><td></td><td></td><td></td></tr>
<tr><td></td><td></td><td></td><td></td><td></td><td></td><td></td></tr>
<tr><td></td><td></td><td></td><td></td><td></td><td></td><td></td></tr>
<tr><td></td><td></td><td></td><td></td><td></td><td></td><td></td></tr>
<tr><td></td><td></td><td></td><td></td><td></td><td></td><td></td></tr>
<tr><td></td><td></td><td></td><td></td><td></td><td></td><td></td></tr>
<tr><td rowspan="7">该课题主要部件Ⅱ</td><td></td><td></td><td></td><td></td><td></td><td></td><td></td></tr>
<tr><td></td><td></td><td></td><td></td><td></td><td></td><td></td></tr>
<tr><td></td><td></td><td></td><td></td><td></td><td></td><td></td></tr>
<tr><td></td><td></td><td></td><td></td><td></td><td></td><td></td></tr>
<tr><td></td><td></td><td></td><td></td><td></td><td></td><td></td></tr>
<tr><td></td><td></td><td></td><td></td><td></td><td></td><td></td></tr>
<tr><td></td><td></td><td></td><td></td><td></td><td></td><td></td></tr>
<tr><td rowspan="6">该课题主要部件Ⅲ</td><td></td><td></td><td></td><td></td><td></td><td></td><td></td></tr>
<tr><td></td><td></td><td></td><td></td><td></td><td></td><td></td></tr>
<tr><td></td><td></td><td></td><td></td><td></td><td></td><td></td></tr>
<tr><td></td><td></td><td></td><td></td><td></td><td></td><td></td></tr>
<tr><td></td><td></td><td></td><td></td><td></td><td></td><td></td></tr>
<tr><td></td><td></td><td></td><td></td><td></td><td></td><td></td></tr>
</table>

<table>
<tr><td rowspan="3">技术要求</td><td>1</td><td>2</td></tr>
<tr><td>3</td><td>4</td></tr>
<tr><td>5</td><td>6</td></tr>
</table>

小组评议		组长签字	

实训作业	课题9 机车辅助室检查给油作业						
检查顺序(按检查、呼唤顺序写)				检查方法	给油方法	机能试验	常见故障
该课题主要部件Ⅰ							
该课题主要部件Ⅱ							
该课题主要部件Ⅲ							

技术要求	1	2
	3	4
	5	6

小组评议		组长签字	

实训作业	课题10　机车高压室检查给油作业						
检查顺序(按检查、呼唤顺序写)				检查方法	给油方法	机能试验	常见故障
该课题主要部件Ⅰ							
该课题主要部件Ⅱ							
该课题主要部件Ⅲ							

技术要求	1	2
	3	4
	5	6

小组评议		组长签字	

实训作业	课题11 机车变压器室检查给油作业						
检查顺序(按检查、呼唤顺序写)				检查方法	给油方法	机能试验	常见故障
该课题主要部件Ⅰ							
该课题主要部件Ⅱ							
该课题主要部件Ⅲ							

技术要求	1	2
	3	4
	5	6

小组评议		组长签字	

实训作业	课题12　机车整流柜、高压柜检查给油作业						
检查顺序(按检查、呼唤顺序写)				检查方法	给油方法	机能试验	常见故障
该课题主要部件Ⅰ							
该课题主要部件Ⅱ							
该课题主要部件Ⅲ							

技术要求	1	2
	3	4
	5	6

小组评议		组长签字	

实训作业	课题13　机车车顶检查给油作业						
检查顺序(按检查、呼唤顺序写)				检查方法	给油方法	机能试验	常见故障
该课题主要部件Ⅰ							
该课题主要部件Ⅱ							
该课题主要部件Ⅲ							

技术要求		
	1	2
	3	4
	5	6

小组评议		组长签字	

实训作业	课题 14　机车前后端部检查给油作业					
检查顺序(按检查、呼唤顺序写)			检查方法	给油方法	机能试验	常见故障
该课题主要部件Ⅰ						
该课题主要部件Ⅱ						
该课题主要部件Ⅲ						

技术要求		
	1	2
	3	4
	5	6

小组评议		组长签字	

<table>
<tr><td>实训作业</td><td colspan="7">课题 15　机车走行部检查给油作业</td></tr>
<tr><td colspan="4">检查顺序（按检查、呼唤顺序写）</td><td>检查方法</td><td>给油方法</td><td>机能试验</td><td>常见故障</td></tr>
<tr><td rowspan="7">该课题主要部件Ⅰ</td><td></td><td></td><td></td><td></td><td></td><td></td><td></td></tr>
<tr><td></td><td></td><td></td><td></td><td></td><td></td><td></td></tr>
<tr><td></td><td></td><td></td><td></td><td></td><td></td><td></td></tr>
<tr><td></td><td></td><td></td><td></td><td></td><td></td><td></td></tr>
<tr><td></td><td></td><td></td><td></td><td></td><td></td><td></td></tr>
<tr><td></td><td></td><td></td><td></td><td></td><td></td><td></td></tr>
<tr><td></td><td></td><td></td><td></td><td></td><td></td><td></td></tr>
<tr><td rowspan="7">该课题主要部件Ⅱ</td><td></td><td></td><td></td><td></td><td></td><td></td><td></td></tr>
<tr><td></td><td></td><td></td><td></td><td></td><td></td><td></td></tr>
<tr><td></td><td></td><td></td><td></td><td></td><td></td><td></td></tr>
<tr><td></td><td></td><td></td><td></td><td></td><td></td><td></td></tr>
<tr><td></td><td></td><td></td><td></td><td></td><td></td><td></td></tr>
<tr><td></td><td></td><td></td><td></td><td></td><td></td><td></td></tr>
<tr><td></td><td></td><td></td><td></td><td></td><td></td><td></td></tr>
<tr><td rowspan="5">该课题主要部件Ⅲ</td><td></td><td></td><td></td><td></td><td></td><td></td><td></td></tr>
<tr><td></td><td></td><td></td><td></td><td></td><td></td><td></td></tr>
<tr><td></td><td></td><td></td><td></td><td></td><td></td><td></td></tr>
<tr><td></td><td></td><td></td><td></td><td></td><td></td><td></td></tr>
<tr><td></td><td></td><td></td><td></td><td></td><td></td><td></td></tr>
</table>

<table>
<tr><td rowspan="3">技术要求</td><td>1</td><td>2</td></tr>
<tr><td>3</td><td>4</td></tr>
<tr><td>5</td><td>6</td></tr>
</table>

小组评议		组长签字	

<table>
<tr><td>实训作业</td><td colspan="5">课题 15　机车底部检查给油作业</td></tr>
<tr><td colspan="2">检查顺序(按检查、呼唤顺序写)</td><td>检查方法</td><td>给油方法</td><td>机能试验</td><td>常见故障</td></tr>
<tr><td rowspan="7">该课题主要部件Ⅰ</td><td></td><td></td><td></td><td></td><td></td></tr>
<tr><td></td><td></td><td></td><td></td><td></td></tr>
<tr><td></td><td></td><td></td><td></td><td></td></tr>
<tr><td></td><td></td><td></td><td></td><td></td></tr>
<tr><td></td><td></td><td></td><td></td><td></td></tr>
<tr><td></td><td></td><td></td><td></td><td></td></tr>
<tr><td></td><td></td><td></td><td></td><td></td></tr>
<tr><td rowspan="7">该课题主要部件Ⅱ</td><td></td><td></td><td></td><td></td><td></td></tr>
<tr><td></td><td></td><td></td><td></td><td></td></tr>
<tr><td></td><td></td><td></td><td></td><td></td></tr>
<tr><td></td><td></td><td></td><td></td><td></td></tr>
<tr><td></td><td></td><td></td><td></td><td></td></tr>
<tr><td></td><td></td><td></td><td></td><td></td></tr>
<tr><td></td><td></td><td></td><td></td><td></td></tr>
<tr><td rowspan="5">该课题主要部件Ⅲ</td><td></td><td></td><td></td><td></td><td></td></tr>
<tr><td></td><td></td><td></td><td></td><td></td></tr>
<tr><td></td><td></td><td></td><td></td><td></td></tr>
<tr><td></td><td></td><td></td><td></td><td></td></tr>
<tr><td></td><td></td><td></td><td></td><td></td></tr>
<tr><td rowspan="3">技术要求</td><td colspan="2">1</td><td colspan="3">2</td></tr>
<tr><td colspan="2">3</td><td colspan="3">4</td></tr>
<tr><td colspan="2">5</td><td colspan="3">6</td></tr>
<tr><td>小组评议</td><td colspan="2"></td><td colspan="2">组长签字</td><td></td></tr>
</table>

实训作业	课题16　机车检查与给油实习报告指引

机车检查给油实习报告

年　月　日　　附表1

姓　名		学　号		班　级		指导教师	
实习课题							
实习报告内容							
一、通过本项目的实习掌握了哪些机车检查给油的基本知识和实际操作技能 二、运用中的机车检查给油的重要性 三、机车用油、砂的整备技术要求以及机车用各种油脂的识别方法 四、通过本项目的实习你对专业理论知识有哪些新的认识 五、具有检查、分析、处理一般机车故障的能力,需要怎样的心理素质 六、其他需要说明的情况							
指导教师意见 签字:　　　年　　月　　日							

机车检查给油实习报告

年　月　日　附表2

姓　名		学　号		班　级		指导教师	
实习课题							
实习报告内容							
指导教师意见 签字：　　　年　　月　　日							

四单元　高低压试验及常见故障处理

实训作业	课题1　万用表的使用方法		
一、测量直流电压的方法 二、测量直流电流的方法 三、测量电阻的方法			
小组评议		组长签字	

实训作业	课题 2　兆欧表的使用方法		
一、电力机车电气线路绝缘值的测量方法 二、电力机车各回路对地绝缘值的要求			
小组评议		组长签字	

实训作业	课题3　主电路常见故障判断处理		
电力机车主电路常见故障的判断处理方法			
小组评议		组长签字	

实训作业	课题 4　控制电路常见故障判断处理
电力机车控制电路常见故障的判断处理方法	

小组评议		组长签字	

<table>
<tr><td>实训作业</td><td colspan="3">课题5　辅助电路常见故障判断处理</td></tr>
<tr><td colspan="4">电力机车辅助电路常见故障的判断处理方法</td></tr>
<tr><td>小组评议</td><td></td><td>组长签字</td><td></td></tr>
</table>

实训作业	课题 6　保护电路常见故障判断处理

电力机车保护电路常见故障的判断处理方法

小组评议		组长签字	

实训作业	课题 7　空气管路常见故障判断处理
电力机车空气管路常见故障的判断处理方法	

小组评议		组长签字	

实训作业	课题 8　接地故障判断处理

电力机车接地故障的判断处理方法

小组评议		组长签字	

实训作业	课题 9　综合训练		
一、试述任意一种电力机车高低压试验的准备工作 二、试述电力机车高低压试验的安全注意事项			
小组评议		组长签字	

实训作业	课题 10　高低压试验程序及中级工、高级工考核标准

中级工电器动作试验试卷

班级：　　　　姓名：　　　　学号：　　　　年　　月　　日

项　目	考　核　内　容	扣分	采　分	
			次数	得分
时间 (A) 10 分	规定时间 15 min，每超过 1 min 减 2 分	2		
实作 (B) 60 分	1. 试验前未呼唤安全注意事项	5		
	2. 简化试验，每步	5		
	3. 检查处所遗漏	3		
	4. 电器名称呼唤错误	3		
	5. 检查方法不当或错误	5		
	6. 技术要求呼唤错误	5		
	7. 未按规定闭合相应开关便开始试验	15		
	8. 作业完毕未按规定恢复	10		
	9. 其他	3		
动作 (C) 10 分	1. 试验顺序错误	5		
	2. 电器开关位置放置错误	5		
	3. 发生不安全因素或轻伤	5		
	4. 违规检查	5		
假设 (D) 20 分				
失格项目	1. 作业时间超过规定时间 50% 以上 2. 严重损坏电器 3. 发生工伤 4. 试验完毕后，电器不能正常使用			
成绩	A + B + C + D =			

考评员：　　　　　　　　　　　　　　年　　月　　日

高级工电器动作试验试卷

班级：　　　　　　姓名：　　　　　　学号：　　　　　　年　　月　　日

项　目	考　核　内　容	扣分	采　分	
			次数	得分
时间 (A) 10 分	规定时间 15 min，每超过 1 min 减 2 分	2		
实作 (B) 50 分	1. 试验前未呼唤安全注意事项	5		
	2. 简化试验，每步	5		
	3. 检查处所遗漏	3		
	4. 电器名称呼唤错误	3		
	5. 检查方法不当或错误	5		
	6. 技术要求呼唤错误	5		
	7. 未按规定闭合相应开关便开始试验	15		
	8. 作业完毕未按规定恢复	10		
	9. 其他	3		
动作 (C) 10 分	1. 试验顺序错误	5		
	2. 电器开关位置放置错误	5		
	3. 发生不安全因素或轻伤	5		
	4. 违规检查	5		
假设 (D) 20 分				
答辩 (E) 10 分	1. 分析故障原因	5		
	2. 提出结构、工艺改进措施	5		
失格项目	1. 作业时间超过规定时间 50% 以上 2. 严重损坏电器 3. 发生工伤 4. 试验完毕后，电器不能正常使用			
成绩	A + B + C + D + E =			

考评员：　　　　　　　　　　　　　　　　　　　　年　　月　　日

实训作业	课题 11　高低压试验及故障处理实习报告指引

高低压试验及故障处理实习报告

年　月　日　附表 1

姓　名		学　号		班　级		指导教师	
实习课题							
实习报告内容							
一、通过本项目学习掌握了哪些电气试验的基本知识和实际操作技能 二、运用中的机车进行电气试验的重要性 三、对使用万用表和兆欧表查找电器故障你有什么创新方法 四、具有检查、分析、处理一般机车电气故障的能力，需要怎样的心理素质 五、其他需要说明的情况							
指导教师意见 签字：　　　年　　月　　日							

高低压试验及故障处理实习报告　年　月　日　附表2

<table>
<tr><td>姓　名</td><td></td><td>学　号</td><td></td><td>班　级</td><td></td><td>指导教师</td><td></td></tr>
<tr><td>实习课题</td><td colspan="7"></td></tr>
<tr><td colspan="8">实习报告内容</td></tr>
<tr><td colspan="8"></td></tr>
<tr><td colspan="8">指导教师意见

签字：　　年　　月　　日</td></tr>
</table>

五单元　制动机检查及故障处理

实训作业	课题1　识别制动机试验台		
一、操作项目的安全事项 二、完成本项目的作业程序 三、制动机试验台的识别			
小组评议		组长签字	

实训作业	课题2　DK－1型电空制动机“第一步闸”检查
一、熟悉“第一步闸”检查步骤及内容 二、电空制动控制器在过充位时，气表台各指针应为多少	

小组评议		组长签字	

实训作业	课题3　DK－1型电空制动机"第二步闸"检查

一、熟悉"第二步闸"检查步骤及内容

二、说出电空制动控制器在紧急位时哪些线号有电和哪些电空阀得电

小组评议		组长签字	

实训作业	课题 4　DK－1 型电空制动机“第三步闸”检查		
一、熟悉“第三步闸”检查步骤及内容 二、说出“初制动”主要检查的部件			
小组评议		组长签字	

实训作业	课题5　DK－1型电空制动机“第四步闸”检查

一、熟悉“第四步闸”检查步骤及内容

二、说出电空制动控制器减压 80 kPa、100 kPa、170 kPa 时制动缸压力各为多少

小组评议		组长签字	

实训作业	课题6　DK－1型电空制动机“第五步闸”检查		
一、熟悉“第五步闸”检查步骤及内容 二、为什么电空制动控制器置“重联位”时，制动管和均衡风缸稍有波动			
小组评议		组长签字	

实训作业	课题7 DK－1型电空制动机“第六步闸”检查

一、熟悉“第六步闸”检查步骤及内容

二、说出最大减压量试验主要检查的部件有哪些

小组评议		组长签字	

实训作业	课题 8　DK -1 型电空制动机“第七步闸”检查
一、熟悉“第七步闸”检查步骤及内容 二、说出空气制动阀的组成,空气制动阀有哪些作用位置	

小组评议		组长签字	

实训作业	课题 9　DK－1 型电空制动机“第八步闸”检查

一、熟悉“第八步闸”检查步骤及内容

二、说出由“电空位”转“空气位”的操作步骤

小组评议		组长签字	

实训作业	课题 10　DK－1 型电空制动机保护试验检查
一、说出 DK－1 型电空制动机有哪些保护试验 二、说出 DK－1 型电空制动机失电保护的原理	

小组评议		组长签字	

实训作业	课题 11　DK－1 型电空制动机“五步闸”检查		
一、DK－1 型电空制动机“五步闸”使用时机 二、DK－1 型电空制动机“五步闸”的步骤			
小组评议		组长签字	

实训作业	课题 12　DK－1 型电空制动机综合故障处理基本常识

一、说明 DK－1 型电空制动机故障处理的目的

二、DK－1 型电空制动机故障处理安全操作注意事项

小组评议		组长签字	

实训作业	课题 13 DK－1 型电空制动机综合故障判断及处理方法

熟悉 DK－1 型电空制动机常见故障的判断、处理

小组评议		组长签字	

实训作业	课题 14　DK－1 型电空制动机检查与中级工、高级工考核试卷

中级工 DK－1 型制动机"八步闸"检查考核评分标准

班级：　　　　姓名：　　　　工种级别：中级　　　　年　　月　　日

项　目	评　分　内　容	扣分标准	采　分	
			扣分次数	得分
时间 (A) (10 分)	规定时间 10 min，超过 1 min 减 2 分，超过 5 min 失格 始：　时　分；终　时　分 共　　min	2		
实作 (B) (70 分)	试验前未进行安全检查	3		
	试验前未进行外观检查	2		
	试验时返工	2		
	试验不熟	3		
	手把呼唤位置与放置不符	3		
	检查项目要求呼唤错误	3		
	手把顺序呼唤错误	3		
	检查方法不当或错误	2		
	检查项目遗漏	2		
	简化试验，每步	2		
	仪表不整齐、精神状态不佳	2		
	声音不洪亮、动作不规范	2		
故障 假设 (C) (20 分)	故　障　名　称	对	错	
	故障 1			
	故障 2			
成绩	A + B + C =			

高级工 DK－1 型制动机“八步闸”检查考核评分标准

班级:　　　姓名:　　　工种级别:高级　　　年　　月　　日

项　目	评　分　内　容	扣分标准	采　分	
			扣分次数	得分
时间(A)(10 分)	规定时间 10 min,超过 1 min 减 2 分,超过 5 min 失格 始:　时　分;终　时　分 共　min	2		
实作(B)(50 分)	试验前未进行安全检查	3		
	试验前未进行外观检查	2		
	试验时返工	2		
	试验不熟	3		
	手把呼唤位置与放置不符	3		
	检查项目要求呼唤错误	3		
	手把顺序呼唤错误	3		
	检查方法不当或错误	2		
	检查项目遗漏	2		
	简化试验,每步	2		
	仪表不整齐、精神状态不佳	2		
	声音不洪亮、动作不规范	2		
故障假设(C)(20 分)	故　障　名　称	对	错	
	故障 1			
	故障 2			
答辩(D)(20 分)	1.	10		
	2.	10		
成绩	A + B + C + D =			

实训作业	课题 15　DK－1 型电空制动机检查及故障处理实习报告指引

DK－1 型电空制动机检查及故障处理实习报告

姓　名		学　号		班　级		指导教师	
实习课题							
实习报告内容							
一、通过本项目的实习掌握了哪些制动机检查的基本知识和实际操作技能 二、运用中的机车进行制动机检查的重要性 三、结合所学的专业理论知识谈一谈你对查找制动机故障有何创新方法 四、具有检查、分析、处理一般的制动机故障能力，需要怎样的心理素质 五、其他需要说明的情况							
指导教师意见 签字：　　　　年　　月　　日							

DK－1型电空制动机检查及故障处理实习报告

<table>
<tr><td>姓　名</td><td></td><td>学　号</td><td></td><td>班　级</td><td></td><td>指导教师</td><td></td></tr>
<tr><td>实习课题</td><td colspan="7"></td></tr>
<tr><td colspan="8">实习报告内容</td></tr>
<tr><td colspan="8"></td></tr>
<tr><td colspan="8">指导教师意见

签字：　　　　年　　月　　日</td></tr>
</table>

六单元　一次乘务作业实训

实训作业	课题1　机车乘务员出勤作业程序

一、根据“天、地、时、人、车、图”等情况，开好小组会，提出安全预想，制定安全行车措施，并摘录于司机手账

二、试述《机车操作规程》中关于出勤的要求

三、能按出勤标准程序，在模拟运转室内熟练地进行机车乘务员出勤作业

小组评议		组长签字	

实训作业	课题2　机车乘务员退勤作业程序

一、试述《机车操作规程》中关于退勤的要求

二、能按退勤标准作业程序在模拟运转室内熟练地进行机车乘务员退勤作业

小组评议		组长签字	

实训作业	课题3　出段及挂车		
一、试述出库及挂车的工作程序 二、试述动车前的注意事项 三、挂车时,学习司机有哪些主要工作			
小组评议		组长签字	

实训作业	课题4　发车准备与发车		
一、试述列车制动机试验和发车程序 二、试述列车制动机全部试验的要求 三、试述列车制动机试验的注意事项			
小组评议		组长签字	

<table>
<tr><td>实训作业</td><td colspan="3">课题 5　途中运行作业</td></tr>
<tr><td colspan="4">一、试述电力机车途中运行注意事项

二、运行中,机车乘务员应如何执行车机联控制度

三、试述电力机车机械间巡视的时机及检查内容</td></tr>
<tr><td>小组评议</td><td></td><td>组长签字</td><td></td></tr>
</table>

实训作业	课题6 调车作业
一、试述调车作业程序要点 二、调车作业速度控制要求 三、调车作业中应注意的事项	

小组评议		组长签字	

实训作业	课题 7　到达(站内停车)及入库作业
一、到达或站内停车作业程序要点 二、入库作业程序要点 三、摘钩的作业方法	

小组评议		组长签字	

实训作业	课题 8　乘务员呼唤应答、车机联控作业用语标准

一、执行呼唤应答制度的意义

二、执行车机联控制度的意义

三、结合乘务员途中运行作业程序,简述呼唤应答有何要求

小组评议		组长签字	

实训作业	课题 9　LKJ－2000 型列车运行监控装置使用操作方法		
一、参数设定操作方法 二、调车时的操作方法 三、监控装置故障判定程序			
小组评议		组长签字	

实训作业	课题10　手信号、旗语、音响信号演练及考核

一、夜间股道号码信号的显示方法及要求

二、昼间“十、五、三车”距离信号的显示及要求

三、手信号显示的基本要求

小组评议		组长签字	

实训作业	课题11　一次乘务作业模拟演练及考核试卷

列车模拟驾驶作业综合考试试卷(一)

姓名:　　　　学号:　　　　班级:　　　　工种级别:

项目	顺号	内容	减分标准	次数	减分	项目	顺号	内容	减分标准	次数	减分
出勤及接车作业(A)20分	1	出勤晚到;未按规定着装	1			途中运行及调车作业(C)50分	1	不按规定确认发车信号	2		
	2	运行揭示抄写错误	失格				2	不按规定执行呼唤应答	1		
	3	未召开小组会	2				3	不按规定进行机械间巡视	2		
	4	未二人复诵、核对运行揭示	2				4	超过各种容许及限制速度	失格		
	5	未正确输入“监控”参数	2				5	擅自关闭“三项”设备	失格		
	6	未进行高低压动作试验	2				6	不按规定鸣笛	1		
	7	未进行列尾试验	2				7	区间无故责任运缓	1		
	8	未对三项设备进行检查	2				8	预告信号机前未确认车位	1		
出入库及挂车作业(B)30分	1	启车不呼唤,动车不鸣笛	1				9	中间站未施行保压停车	1		
	2	不执行呼唤应答制度	1				10	引导进站违规解锁	失格		
	3	未停车签点	1				11	调车作业不执行要道还道制度	1		
	4	未执行两停一挂制度	2				12	未确认地面主体信号	失格		
	5	挂车完毕未试拉	1				13	未确认机车仪表	1		
	6	未确认车钩及制动管状态	1				14	会车不鸣笛、不呼唤	1		
	7	未输入列车编组参数	2				15	不按规定执行车机联控制度	2		
	8	不按规定进行制动机试验	2				16	车机联控用语不规范	1		
	9	未进行列尾装置试验	2				17	遇黄灯未按规定减速	2		
	10	未核对制动效能证明书	1				18	站停关闭压缩机、劈相机	1		
	11	未二人确认行车凭证	2				19	中间站停车不关闭机车头灯	1		
	12	启车不平稳	1				20	不按规定查询列尾	2		
	13	挂车不呼唤十、五、三车	1				21	不按规定记录手账	2		
	14	未逐个确认调车信号	1				22	退勤作业不规范	1		
成绩	A+B+C=										
考评员签字:											

列车模拟驾驶作业综合考试试卷(二)

姓名:　　　　　学号:　　　　　班级:　　　　　工种级别:

考核内容							
序号	A 项制动机使用 (50 分)	减分	次数	序号	B 项机车模拟驾驶 (50 分)	减分	次数
1	未按规定进行制动机试验	2		1	挂车后未试拉,司机未检查机车和车辆的车钩连接状态	1	
2	货物列车初次制动减压量低于 50 kPa	1		2	起车准备不当造成两次起车	1	
3	制动时一次追加减压量超过初次减压量	2		3	手柄从高级位回零位未在 * 位停留	1	
4	累计减压量超过初次减压量	1		4	发生空转后未及时采取抑制措施	2	
5	制动时追加减压量与初次之和超过最大有效减压量	2		5	操纵不当造成机车保护装置动作	2	
6	制动时制动管排风未止时追加或缓解列车制动	2		6	机车未停稳,换向操作	失格	
7	制动管减压排风未止时缓解空气制动阀	1		7	进站停车二次加载	1	
8	追加制动时排风未止停车	1		8	运行种超过各种限速,造成责任机破	失格	
9	列车未充满风施行制动	2		9	中间站停车超过 5 min 不检查机车走行部	1	
10	制动后至缓解或停车前,制动缸压力低于 50 kPa/每次	1		10	未正确使用各开关、手柄	1	
11	站内停车施行两段制动	2		11	越过停车标 15 m,未到 20 m	2	
12	空气制动阀缓解量超过 30 kPa/次	1		12	终点或停车 5 min 以上车站,停车后列车未制动	2	
13	使用空气制动阀制动停车	2		13	监控装置自停动作	失格	
14	制动不当擦伤机车动轮	失格		14	观测速度和实际速度相差 ±3 km/h		
15	制动时大劈叉或偷风	失格			1. 观测速度:实际误差:		
16	使用非常制动(特殊情况除外)	失格			1. 观测速度:实际误差		
17	出站信号未开放,缓解列车制动	1			1. 观测速度:实际误差		
18	中间站停车未施行保压停车	2					
考核成绩	A + B =						
考评员签字:							

实训作业	课题 12　一次乘务作业实习报告指引

一次乘务作业实习报告

年　月　日　　附表 1

姓　名		学　号		班　级		指导教师	
实习课题							
实习报告内容							
一、一次乘务作业标准对安全运输生产的重要意义 二、通过机车模拟驾驶装置的训练，你对机车专业有哪些新的认识 三、谈一谈乘务员呼唤应答及车机联控的重要性 四、提出你对现行作业程序中存在的安全隐患及整改措施 五、其他需要说明的情况							
指导教师意见 签字：　　　年　　月　　日							

一次乘务作业实习报告

<table>
<tr><td>姓　名</td><td></td><td>学　号</td><td></td><td>班　级</td><td></td><td>指导教师</td><td></td></tr>
<tr><td>实习课题</td><td colspan="7"></td></tr>
<tr><td colspan="8">实习报告内容</td></tr>
<tr><td colspan="8"></td></tr>
<tr><td colspan="8">指导教师意见

签字：　　　　年　　月　　日</td></tr>
</table>

七单元　岗位安全教育与乘务实习

实训作业	课题1　违反《技规》292、294条规定酿成一般A类事故	
职业化的意识、道德、态度和职业化的技能、知识与行为，直接决定了企业和员工自身发展的潜力和成功的可能。结合本行车事故案例，按要求完成以下作业： 一、本案例涉及的专业知识、专业技能 二、本案例涉及的业务知识、业务能力 三、结合本案例谈一谈职业化的意识、道德、态度与行车安全的关系		
小组评议		组长签字

实训作业	课题 2　违反《技规》270 条规定酿旅客列车特别重大事故

职业化的意识、道德、态度和职业化的技能、知识与行为，直接决定了企业和员工自身发展的潜力和成功的可能。结合本行车事故案例，按要求完成以下作业：

一、本案例涉及的专业知识、专业技能

二、本案例涉及的业务知识、业务能力

三、结合本案例谈一谈职业化的意识、道德、态度与行车安全的关系

小组评议		组长签字	

实训作业	课题3　不确认信号及进路盲目动车造成一般事故		
职业化的意识、道德、态度和职业化的技能、知识与行为，直接决定了企业和员工自身发展的潜力和成功的可能。结合本行车事故案例，按要求完成以下作业： 一、本案例涉及的专业知识、专业技能 二、本案例涉及的业务知识、业务能力 三、结合本案例谈一谈职业化的意识、道德、态度与行车安全的关系			
小组评议		组长签字	

实训作业	课题 4　组织准备及安全教育
机车乘务员人身安全制度有哪些	
小组评议	组长签字

<table>
<tr><td>实训作业</td><td colspan="3">课题 5　运用机车检查给油作业</td></tr>
<tr><td colspan="4">一、机车乘务员在检查和修理电力机车时应注意的安全事项

二、写出在电力机车整备作业中配合司机高、低压试验的工作过程</td></tr>
<tr><td>小组评议</td><td></td><td>组长签字</td><td></td></tr>
</table>

实训作业　课题6　干线乘务实习周计划

乘务实习时间共计6周,乘务实习中一次乘务作业项目分段实习的周计划,见下表。

一次乘务作业项目分段实习周计划

序号	乘务实习项目	实习要点
		第一周
1	机车整备和接车整备	(1)润滑油的种类、更换及加放方法 (2)机车用砂的规定和补充 (3)高低压试验顺序 (4)各种电器动作的检查方法 (5)全面试验
		第二周
2	出勤、交接班作业	(1)出勤前的准备工作 (2)出勤交接班机车的检查内容 (3)交班时须说明的各主要部件的状态及填写机车运行日志
		第三周
3	机车出库与牵引列车平稳启动	(1)出库道岔信号的确认 (2)走车方法及注意事项 (3)单机操纵 (4)单机牵引列车的操纵 (5)超轴、超长货物列车的操纵 (6)旅客列车的操纵 (7)坡道启车方法
4	调车作业	(1)牵出作业 (2)推进作业
		第四周
5	区间运行与调速	(1)区间运行速度的观测 (2)调速手柄的移动时机 (3)大小闸的使用 (4)各仪表的观察和使用 (5)遇有施工需要调速运行时的操纵 (6)列车在运行途中作业时调速的操纵 (7)坡道地段的调速 (8)区间抢点 (9)减小列车冲动的方法及注意事项 (10)电阻制动的使用

续上表

序号	乘务实习项目	实　习　要　点
6	制动机的操纵	(1)一段制动的操纵 (2)二段制动的操纵 (3)保压停车的操纵 (4)缓解停车操纵
第五周		
7	行车规章	(1)行车规章的概念 (2)信号 (3)行车组织基本要求及闭塞法 (4)列车运行 (5)运规、操规 (6)非正常行车办法 (7)安全操作规则
8	机车“三项设备”的使用	(1)机车信号的作用 (2)机车信号与地面信号的显示 (3)列车无线调度通信设备的使用方法及注意事项 (4)列车运行监控记录装置使用方法及注意事项
第六周		
9	到达、退勤	(1)摘车、入库检查机车 (2)退勤工作要点
10	机车应急故障的处理	(1)电力机车应急故障处理 (2)电机、电器应急故障处理 (3)空气制动机的应急故障处理 (4)其他
11	乘务实习总结	通过6周的乘务实习,应逐一达到以下实习目的: (1)熟悉乘务员一次作业程序 (2)熟悉行车闭塞法、各种信号的显示,各种凭证的作用及要求以及非正常情况下的行车。 (3)初步熟悉区段的线路纵断面、站场布局、信号等有关设施 (4)熟悉掌握学习司机给油检查程序 (5)熟悉运行途中机械间、走行部的检查 (6)熟悉掌握机车“三项设备”的使用方法及注意事项 (7)初步具备判断和处理机车常见故障的能力 (8)进一步熟悉机车电气线路、空气管路系统 (9)掌握机车高低压试验及排除一般常见故障的技能 (10)了解机车操纵、制动机使用的一般知识 (11)完成乘务实习日志 (12)完成毕业论文

实训作业	课题7　乘务实习日志

乘务实习日志

年　月　日　　附表1

车次		乘务时间	开车		师傅姓名	
			到达			
实习要点	1. 润滑油的种类、更换及加放方法 2. 机车用砂的规定和补充					
安全注意事项	1. 2. 3.					

围绕实习要点，你解决了哪些问题：

师傅评语	车间意见	指导教师意见
签字：　　月　日	签字：　　月　日	签字：　　月　日

乘务实习日志　　年　月　日　　附表2

<table>
<tr><td rowspan="2">车次</td><td rowspan="2"></td><td rowspan="2">乘务时间</td><td>开车</td><td></td><td rowspan="2">师傅姓名</td><td rowspan="2"></td></tr>
<tr><td>到达</td><td></td></tr>
<tr><td>实习要点</td><td colspan="6">3. 高低压试验顺序
4. 各种电器动作的检查方法</td></tr>
<tr><td>安全注意事项</td><td colspan="6">1.
2.
3.</td></tr>
<tr><td colspan="7">围绕实习要点,你解决了哪些问题:</td></tr>
</table>

师傅评语 签字:　　月　日	车间意见 签字:　　月　日	指导教师意见 签字:　　月　日

乘务实习日志

年　月　日　　附表3

<table>
<tr><td rowspan="2">车次</td><td rowspan="2"></td><td rowspan="2">乘务时间</td><td>开车</td><td></td><td rowspan="2">师傅姓名</td><td rowspan="2"></td></tr>
<tr><td>到达</td><td></td></tr>
<tr><td>实习要点</td><td colspan="6">5. 全面试验</td></tr>
<tr><td>安全注意事项</td><td colspan="6">1.
2.
3.</td></tr>
<tr><td colspan="7">围绕实习要点，你解决了哪些问题：</td></tr>
</table>

师傅评语	车间意见	指导教师意见
签字：　　月　日	签字：　　月　日	签字：　　月　日

乘务实习日志

年　月　日　　附表 4

<table>
<tr><td rowspan="2">车次</td><td rowspan="2"></td><td rowspan="2">乘务时间</td><td>开车</td><td></td><td rowspan="2">师傅姓名</td><td rowspan="2"></td></tr>
<tr><td>到达</td><td></td></tr>
<tr><td>实习要点</td><td colspan="6">6. 出勤前的准备工作
7. 出勤交接班机车的检查内容</td></tr>
<tr><td>安全注意事项</td><td colspan="6">1.
2.
3.</td></tr>
<tr><td colspan="7">围绕实习要点,你解决了哪些问题:</td></tr>
</table>

师傅评语 签字:　　月　　日	车间意见 签字:　　月　　日	指导教师意见 签字:　　月　　日

乘务实习日志

年　月　日　附表5

<table>
<tr><td rowspan="2">车次</td><td rowspan="2"></td><td rowspan="2">乘务时间</td><td>开车</td><td></td><td></td><td rowspan="2">师傅姓名</td><td rowspan="2"></td></tr>
<tr><td>到达</td><td></td><td></td></tr>
<tr><td>实习要点</td><td colspan="7">8.交班时须说明的各主要部件的状态及填写机车运行日志</td></tr>
<tr><td>安全注意事项</td><td colspan="7">1.
2.
3.</td></tr>
<tr><td colspan="8">围绕实习要点,你解决了哪些问题:</td></tr>
</table>

师傅评语	车间意见	指导教师意见
签字:　　月　日	签字:　　月　日	签字:　　月　日

乘务实习日志

年　月　日　　附表6

<table>
<tr><td rowspan="2">车次</td><td rowspan="2"></td><td rowspan="2">乘务时间</td><td>开车</td><td></td><td rowspan="2">师傅姓名</td><td rowspan="2"></td></tr>
<tr><td>到达</td><td></td></tr>
<tr><td>实习要点</td><td colspan="6">9.出库道岔信号的确认
10.走车方法及注意事项</td></tr>
<tr><td>安全注意事项</td><td colspan="6">1.
2.
3.</td></tr>
<tr><td colspan="7">围绕实习要点，你解决了哪些问题：</td></tr>
</table>

师傅评语 签字：　月　日	车间意见 签字：　月　日	指导教师意见 签字：　月　日

乘务实习日志　　年　月　日　　附表7

<table>
<tr><td rowspan="2">车次</td><td rowspan="2"></td><td rowspan="2">乘务时间</td><td>开车</td><td></td><td rowspan="2">师傅姓名</td><td rowspan="2"></td></tr>
<tr><td>到达</td><td></td></tr>
<tr><td>实习要点</td><td colspan="6">11. 单机操纵
12. 单机牵引列车的操纵</td></tr>
<tr><td>安全注意事项</td><td colspan="6">1.
2.
3.</td></tr>
<tr><td colspan="7">围绕实习要点,你解决了哪些问题:</td></tr>
</table>

师傅评语	车间意见	指导教师意见
签字:　　月　　日	签字:　　月　　日	签字:　　月　　日

乘务实习日志

年　月　日　　附表8

<table>
<tr><td rowspan="2">车次</td><td rowspan="2"></td><td rowspan="2">乘务时间</td><td>开车</td><td></td><td rowspan="2">师傅姓名</td><td rowspan="2"></td></tr>
<tr><td>到达</td><td></td></tr>
<tr><td>实习要点</td><td colspan="6">13. 超轴、超长货物列车的操纵</td></tr>
<tr><td>安全注意事项</td><td colspan="6">1.
2.
3.</td></tr>
<tr><td colspan="7">围绕实习要点，你解决了哪些问题：</td></tr>
</table>

师傅评语	车间意见	指导教师意见
签字：　　月　　日	签字：　　月　　日	签字：　　月　　日

乘务实习日志 年 月 日 附表9

车次		乘务时间	开车		师傅姓名	
			到达			
实习要点	14. 旅客列车的操纵 15. 坡道起车方法					
安全注意事项	1. 2. 3.					

围绕实习要点,你解决了哪些问题:

师傅评语	车间意见	指导教师意见
签字: 月 日	签字: 月 日	签字: 月 日

乘务实习日志

年　月　日　　附表 10

<table>
<tr><td rowspan="2">车次</td><td rowspan="2"></td><td rowspan="2">乘务时间</td><td>开车</td><td></td><td rowspan="2">师傅姓名</td><td rowspan="2"></td></tr>
<tr><td>到达</td><td></td></tr>
<tr><td>实习要点</td><td colspan="6">16. 牵出作业
17. 推进作业</td></tr>
<tr><td>安全注意事项</td><td colspan="6">1.
2.
3.</td></tr>
<tr><td colspan="7">围绕实习要点,你解决了哪些问题:</td></tr>
</table>

师傅评语 签字:　　　月　　日	车间意见 签字:　　　月　　日	指导教师意见 签字:　　　月　　日

乘务实习日志

年　月　日　　附表11

<table>
<tr><td rowspan="2">车次</td><td rowspan="2"></td><td rowspan="2">乘务时间</td><td>开车</td><td></td><td rowspan="2">师傅姓名</td><td rowspan="2"></td></tr>
<tr><td>到达</td><td></td></tr>
<tr><td>实习要点</td><td colspan="6">18. 区间运行速度的观测
19. 调速手柄的移动时机
20. 大小闸的使用</td></tr>
<tr><td>安全注意事项</td><td colspan="6">1.
2.
3.</td></tr>
<tr><td colspan="7">围绕实习要点,你解决了哪些问题:</td></tr>
</table>

师傅评语	车间意见	指导教师意见
签字:　　月　日	签字:　　月　日	签字:　　月　日

乘务实习日志

年　月　日　　附表 12

<table>
<tr><td rowspan="2">车次</td><td rowspan="2"></td><td rowspan="2">乘务时间</td><td>开车</td><td></td><td rowspan="2">师傅姓名</td><td rowspan="2"></td></tr>
<tr><td>到达</td><td></td></tr>
<tr><td>实习要点</td><td colspan="6">21. 各仪表的观察和使用
22. 遇有施工需要调速运行时的操纵
23. 列车在运行途中作业时调速的操纵</td></tr>
<tr><td>安全注意事项</td><td colspan="6">1.
2.
3.</td></tr>
<tr><td colspan="7">围绕实习要点,你解决了哪些问题:</td></tr>
</table>

师傅评语 签字:　　月　日	车间意见 签字:　　月　日	指导教师意见 签字:　　月　日

乘务实习日志

年 月 日 附表13

<table>
<tr><td rowspan="2">车次</td><td rowspan="2"></td><td rowspan="2">乘务时间</td><td>开车</td><td></td><td rowspan="2">师傅姓名</td><td rowspan="2"></td></tr>
<tr><td>到达</td><td></td></tr>
<tr><td>实习要点</td><td colspan="6">24. 坡道地段的调速
25. 区间抢点</td></tr>
<tr><td>安全注意事项</td><td colspan="6">1.
2.
3.</td></tr>
<tr><td colspan="7">围绕实习要点,你解决了哪些问题:</td></tr>
</table>

师傅评语 签字: 月 日	车间意见 签字: 月 日	指导教师意见 签字: 月 日

乘务实习日志

年　月　日　　附表 14

<table>
<tr><td rowspan="2">车次</td><td rowspan="2"></td><td rowspan="2">乘务时间</td><td>开车</td><td></td><td rowspan="2">师傅姓名</td><td rowspan="2"></td></tr>
<tr><td>到达</td><td></td></tr>
<tr><td>实习要点</td><td colspan="6">26. 减小列车冲动的方法及注意事项
27. 电阻制动的选择和使用</td></tr>
<tr><td>安全注意事项</td><td colspan="6">1.
2.
3.</td></tr>
<tr><td colspan="7">围绕实习要点,你解决了哪些问题:</td></tr>
</table>

师傅评语 签字:　　　月　　日	车间意见 签字:　　　月　　日	指导教师意见 签字:　　　月　　日

乘务实习日志

年　月　日　　附表 15

<table>
<tr><td rowspan="2">车次</td><td rowspan="2"></td><td rowspan="2">乘务时间</td><td>开车</td><td></td><td rowspan="2">师傅姓名</td><td rowspan="2"></td></tr>
<tr><td>到达</td><td></td></tr>
<tr><td>实习要点</td><td colspan="6">28. 一段制动的操纵
29. 二段制动的操纵</td></tr>
<tr><td>安全注意事项</td><td colspan="6">1.
2.
3.</td></tr>
<tr><td colspan="7">围绕实习要点,你解决了哪些问题:</td></tr>
</table>

师傅评语	车间意见	指导教师意见
签字:　　月　日	签字:　　月　日	签字:　　月　日

乘务实习日志

年　月　日　　附表 16

<table>
<tr><td rowspan="2">车次</td><td rowspan="2"></td><td rowspan="2">乘务时间</td><td>开车</td><td></td><td rowspan="2">师傅姓名</td><td rowspan="2"></td></tr>
<tr><td>到达</td><td></td></tr>
<tr><td>实习要点</td><td colspan="6">30. 保压停车的操纵
31. 缓解停车操纵</td></tr>
<tr><td>安全注意事项</td><td colspan="6">1.
2.
3.</td></tr>
<tr><td colspan="7">围绕实习要点,你解决了哪些问题:</td></tr>
</table>

<table>
<tr><td>师傅评语

签字:　　　月　　日</td><td>车间意见

签字:　　　月　　日</td><td>指导教师意见

签字:　　　月　　日</td></tr>
</table>

乘务实习日志　　　年　月　日　　附表17

<table>
<tr><td rowspan="2">车次</td><td rowspan="2"></td><td rowspan="2">乘务时间</td><td>开车</td><td></td><td rowspan="2">师傅姓名</td><td rowspan="2"></td></tr>
<tr><td>到达</td><td></td></tr>
<tr><td>实习要点</td><td colspan="6">32. 行车规章的概念
33. 信号
34. 行车组织基本要求即闭塞法</td></tr>
<tr><td>安全注意事项</td><td colspan="6">1.
2.
3.</td></tr>
<tr><td colspan="7">围绕实习要点,你解决了哪些问题:</td></tr>
</table>

师傅评语	车间意见	指导教师意见
签字:　　月　　日	签字:　　月　　日	签字:　　月　　日

乘务实习日志　　　　年　月　日　　附表 18

<table>
<tr><td rowspan="2">车次</td><td rowspan="2"></td><td rowspan="2">乘务时间</td><td>开车</td><td></td><td rowspan="2">师傅姓名</td><td rowspan="2"></td></tr>
<tr><td>到达</td><td></td></tr>
<tr><td>实习要点</td><td colspan="6">35. 列车运行
36. 运规、操规</td></tr>
<tr><td>安全注意事项</td><td colspan="6">1.
2.
3.</td></tr>
<tr><td colspan="7">围绕实习要点,你解决了哪些问题:</td></tr>
</table>

师傅评语 签字:　　　月　　日	车间意见 签字:　　　月　　日	指导教师意见 签字:　　　月　　日

乘务实习日志

年　月　日　　附表 19

<table>
<tr><td>车次</td><td></td><td>乘务时间</td><td>开车</td><td></td><td>师傅姓名</td><td></td></tr>
<tr><td></td><td></td><td></td><td>到达</td><td></td><td></td><td></td></tr>
<tr><td>实习要点</td><td colspan="6">37. 非正常行车办法
38. 安全操作规则</td></tr>
<tr><td>安全注意事项</td><td colspan="6">1.
2.
3.</td></tr>
<tr><td colspan="7">围绕实习要点,你解决了哪些问题:</td></tr>
</table>

师傅评语 签字:　　月　日	车间意见 签字:　　月　日	指导教师意见 签字:　　月　日

乘务实习日志

年　月　日　　附表 20

<table>
<tr><td rowspan="2">车次</td><td rowspan="2"></td><td rowspan="2">乘务时间</td><td>开车</td><td></td><td rowspan="2">师傅姓名</td><td rowspan="2"></td></tr>
<tr><td>到达</td><td></td></tr>
<tr><td>实习要点</td><td colspan="6">39. 机车信号的作用
40. 机车信号与地面信号的显示
41. 列车无线调度通信设备的使用方法及注意事项</td></tr>
<tr><td>安全注意事项</td><td colspan="6">1.
2.
3.</td></tr>
<tr><td colspan="7">围绕实习要点，你解决了哪些问题：</td></tr>
</table>

师傅评语	车间意见	指导教师意见
签字：　　月　　日	签字：　　月　　日	签字：　　月　　日

乘务实习日志

年　月　日　　附表21

<table>
<tr><td rowspan="2">车次</td><td rowspan="2"></td><td rowspan="2">乘务时间</td><td>开车</td><td></td><td rowspan="2">师傅姓名</td><td rowspan="2"></td></tr>
<tr><td>到达</td><td></td></tr>
<tr><td>实习要点</td><td colspan="6">42. 列车运行监控记录装置的使用方法及注意事项</td></tr>
<tr><td>安全注意事项</td><td colspan="6">1.
2.
3.</td></tr>
<tr><td colspan="7">围绕实习要点，你解决了哪些问题：</td></tr>
</table>

师傅评语	车间意见	指导教师意见
签字：　月　日	签字：　月　日	签字：　月　日

乘务实习日志

年　月　日　附表22

<table>
<tr><td rowspan="2">车次</td><td rowspan="2"></td><td rowspan="2">乘务时间</td><td>开车</td><td></td><td rowspan="2">师傅姓名</td><td rowspan="2"></td></tr>
<tr><td>到达</td><td></td></tr>
<tr><td>实习要点</td><td colspan="6">43.摘车、入库检查机车的内容</td></tr>
<tr><td>安全注意事项</td><td colspan="6">1.
2.
3.</td></tr>
<tr><td colspan="7">围绕实习要点,你解决了哪些问题:</td></tr>
</table>

师傅评语 签字:　　　月　　日	车间意见 签字:　　　月　　日	指导教师意见 签字:　　　月　　日

乘务实习日志

年　月　日　　附表23

<table>
<tr><td rowspan="2">车次</td><td rowspan="2"></td><td rowspan="2">乘务时间</td><td>开车</td><td></td><td rowspan="2">师傅姓名</td><td rowspan="2"></td></tr>
<tr><td>到达</td><td></td></tr>
<tr><td>实习要点</td><td colspan="6">44.退勤工作要点</td></tr>
<tr><td>安全注意事项</td><td colspan="6">1.
2.
3.</td></tr>
<tr><td colspan="7">围绕实习要点,你解决了哪些问题:</td></tr>
</table>

师傅评语	车间意见	指导教师意见
签字:　　月　日	签字:　　月　日	签字:　　月　日

乘务实习日志

年　月　日　　附表24

<table>
<tr><td rowspan="2">车次</td><td rowspan="2"></td><td rowspan="2">乘务时间</td><td>开车</td><td></td><td rowspan="2">师傅姓名</td><td rowspan="2"></td></tr>
<tr><td>到达</td><td></td></tr>
<tr><td>实习要点</td><td colspan="6">45.电力机车的应急故障及处理
46.电机、电器的应急故障及处理</td></tr>
<tr><td>安全注意事项</td><td colspan="6">1.
2.
3.</td></tr>
<tr><td colspan="7">围绕实习要点,你解决了哪些问题:</td></tr>
</table>

<table>
<tr><td>师傅评语

签字:　　月　　日</td><td>车间意见

签字:　　月　　日</td><td>指导教师意见

签字:　　月　　日</td></tr>
</table>

乘务实习日志　　年　月　见　附表 25

<table>
<tr><td rowspan="2">车次</td><td rowspan="2"></td><td rowspan="2">乘务时间</td><td>开车</td><td></td><td rowspan="2">师傅姓名</td><td rowspan="2"></td></tr>
<tr><td>到达</td><td></td></tr>
<tr><td>实习要点</td><td colspan="6">47. 空气制动机的应急故障及处理
48. 其他</td></tr>
<tr><td>安全注意事项</td><td colspan="6">1.
2.
3.</td></tr>
<tr><td colspan="7">围绕实习要点，你解决了哪些问题：</td></tr>
</table>

师傅评语	车间意见	指导教师意见
签字：　　月　日	签字：　　月　日	签字：　　月　日

实训作业	课题8 电力机车乘务实习报告指引

电力机车乘务实习报告

年 月 日 附表1

姓 名		学 号		班 级		指导教师	
实习课题							
实习报告内容							
一、通过学习掌握了哪些学习司机乘务作业范围内的操作技能 二、运用专业理论知识对机车常见故障的分析处理能力有了哪些提高 三、运用车间的任务、职责、生产组织与工作制度有了哪些认识 四、司机一次作业程序标准对安全行车的意义 五、通过学习司机岗位操作实践,对机车乘务工作有哪些新的认识 六、针对运输生产存在的技术难题提出改进意见							
指导教师意见 签字: 年 月 日							

电力机车乘务实习报告

年 月 日 附表2

姓 名		学 号		班 级		指导教师	
实习课题							
实习报告内容							
指导教师意见 签字: 年 月 日							

八单元* 职业基本技能实训

实训作业	课题 1 典型机车电气故障处理能力训练

一、SS_3 型 4000 系电力机车无流无压的判断处理

序 号	故障现象	故障原因	判断方法	处理方法	备 注

* 为中专选学,高职必修。

实训作业	课题1　典型机车电气故障处理能力训练

二、过分相绝缘或主断路器断开后，受电弓自然降下的应急故障处理流程

序　号	故障现象	故障原因	判断方法	处理方法	备　注

实训作业	课题 2　典型机车气路故障处理能力训练

一、闭合司机钥匙 1(2) DSK 后,门联锁不动作应急处理流程(条件:控制电压不低于 92.5 V,总风缸风压在 500 kPa 以上)

序　号	故障现象	故障原因	判断方法	处理方法	备　注

实训作业	课题2　典型机车气路故障处理能力训练

二、给司机钥匙门联锁动作,但闭合受电弓扳钮1(2)ZKZ3(4)后,两端受电弓均无法升起的应急故障处理流程(条件:控制电压不低于92.5 V,总风缸风压在500 kPa以上)

序　号	故障现象	故障原因	判断方法	处理方法	备　注

实训作业	课题 2　典型机车气路故障处理能力训练

三、给司机钥匙门联锁动作，主断路器不能闭合的应急处理流程（条件：控制电压不低于 92.5 V，总风缸风压在 500 kPa 以上）

序　号	故障现象	故障原因	判断方法	处理方法	备　注

实训作业	课题2　典型机车气路故障处理能力训练

四、压缩机泵风期间，车下干燥器消音器有连续排风声，总风缸压力不上升的应急处理

序　号	故障现象	故障原因	判断方法	处理方法	备　注

实训作业	课题3　典型机车电机电器故障处理能力训练

一、运行中蓄电池开路或短路的应急处理流程

序　号	故障现象	故障原因	判断方法	处理方法	备　注

实训作业	课题3　典型机车电机电器故障处理能力训练

二、高压时,闭合劈相机按键开关1(2)ZKZ5后,第一劈相机走单相的处理流程

序　号	故障现象	故障原因	判断方法	处理方法	备　注

实训作业	课题3　典型机车电机电器故障处理能力训练

三、辅机烧损时的应急处理流程

序　号	故障现象	故障原因	判断方法	处理方法	备　注

实训作业	课题3 典型机车电机电器故障处理能力训练

四、主电路接地且牵引电机过流的处理流程

序　号	故障现象	故障原因	判断方法	处理方法	备　注

实训作业	课题 4　机车走行部能力训练

一、更换闸瓦并调整间隙的流程

序　号	故障现象	故障原因	判断方法	处理方法	备　注

实训作业	课题4 典型机车走行部故障处理能力训练

二、更换连接软管的流程

序　号	故障现象	故障原因	判断方法	处理方法	备　注

实训作业	课题 4　典型机车走行部故障处理能力训练

三、更换钩舌的流程

序　号	故障现象	故障原因	判断方法	处理方法	备　注

实训作业	课题5 典型机车制动机故障处理能力训练

一、电空制动控制器在运转位，均衡风缸和制动管按正常减压速度下降的处理流程

序 号	故障现象	故障原因	判断方法	处理方法	备 注

实训作业	课题 5　典型机车制动机故障处理能力训练

二、制动前的中立位，均衡风缸和制动管按常用制动排风速度减压的处理流程

序　号	故障现象	故障原因	判断方法	处理方法	备　注

实训作业	课题5　典型机车制动机故障处理能力训练

三、电空制动控制器置制动位后，均衡风缸不减压的处理流程

序　号	故障现象	故障原因	判断方法	处理方法	备　注

实训作业	课题5　典型机车制动机故障处理能力训练

四、电空制动控制器置紧急制动位，不产生紧急制动作用的处理流程

序　号	故障现象	故障原因	判断方法	处理方法	备　注

实训作业	课题5 典型机车制动机故障处理能力训练

五、空气制动阀置制动位，机车制动缸压力不上升的处理流程

序 号	故障现象	故障原因	判断方法	处理方法	备 注

实训作业	课题6　典型机车运行故障应急处理能力训练

一、受电弓刮弓后的处理流程

序　号	故障现象	故障原因	判断方法	处理方法	备　注

实训作业	课题6　典型机车运行故障应急处理能力训练

二、某台风机切除后的维持办法

序　号	故障现象	故障原因	判断方法	处理方法	备　注

实训作业	课题6　典型机车运行故障应急处理能力训练

三、高压闭合劈相机按键开关1(2)ZKZ5后,主断路器跳的处理方法

序　号	故障现象	故障原因	判断方法	处理方法	备　注

实训作业	课题7 职业基本技能实训实习报告指引

职业基本技能实训报告

年 月 日 附表1

姓 名		学 号		班 级		指导教师	
实习课题							
实习报告内容							

一、通过本项目的实习掌握了哪些职业基本技能

二、快速处理机车电气、电机电器故障需要哪些基本素质

三、快速处理机车机械故障及机车运行中的故障需要哪些基本知识和技能

四、快速处理机车气路、制动机故障需要哪些基本素质

五、具有检查、分析、处理典型机车故障的能力需要怎样的心理素质

六、其他需要说明的地方

指导教师意见

签字： 年 月 日

职业基本技能实训报告

年　月　日　　附表2

姓　名		学　号		班　级		指导教师	
实习课题							
实习报告内容							
指导教师意见 签字：　　　年　　月　　日							

职业基本技能实训报告

年　月　日　附表3

姓　名		学　号		班　级		指导教师	
实习课题							
实习报告内容							
指导教师意见 签字：　　年　月　日							